藤井ちゃんこ

藤井 恵

nabe no moto

JN047197

Gakken

ある日の
藤井家の
晩ごはん。

今日は鍋よ！

わ〜い！
ちゃんこだ！！

鍋、いいね

夫　娘1　娘2

1日目

※作り方は
30ページを
見てね

キャベツたっぷりの
もつ鍋風のこの鍋を
我が家ではちゃんこと呼んでいます

次の日も、鍋。

今日も鍋よ〜！

鍋、いいね

わあ！おいしそう♡

夫　娘1　娘2

2日目

※作り方は46ページに!

仕事でヘトヘト。なので、今夜も鍋。
キャベツをもやしに変えて、
味つけも**しょうゆ味**に。
あとは昨日の鍋とほとんど同じです

さらに
次の日も、鍋。

今日も
鍋だよ〜！

鍋、いいよね

ホントに？
うれし〜♪

夫 娘1 娘2

3日目

※作り方は
74ページを
どうぞ！

具は2日前とまったく同じ。
味つけを変えただけ
ですが、夫も娘たちも大喜びしてくれます

3日間のリアル鍋もの日記、いかがでしたか。

我が家では、季節を問わず、毎晩のように鍋を食べていた時期がありました。子どもが小さかったころ、仕事や家事で忙しく、短時間で準備ができて野菜がたっぷり食べられる鍋には、何度も助けられました。

その主役が、藤井家で「ちゃんこ」と呼ぶ鍋ものです。にんにくと赤唐辛子がきいた博多のもつ鍋風の味つけで、豚肉と、たっぷりのキャベツやにらを煮る

だけ。塩味をしょうゆ味に変えたり、キャベツをもやしに変えたりと、アレンジしながら、連日のように「ちゃんこ」を作っていました。

この経験を生かして考えたのが、今回ご紹介する5つの「鍋の素」。調味料を混ぜただけの簡単な煮汁の素で、水で薄めて具を煮れば、あっという間に鍋ものが完成します。日々の鍋ものは、バリエーションよりも作りやすさが大事。いくつかの味や具をローテーションさせれば十分だと思

います。飽きもせず喜んで「ちゃんこ」を食べ続けてくれた、夫や娘から学んだことです。

娘が成人した今も、夫とふたり、しょっちゅう鍋ものので晩酌タイムを過ごしています。そんなときにも重宝するのが「鍋の素」です。あなたの家の鍋ものが、「鍋の素」でもっとラクに、おいしく、楽しくなりますように！

藤井部屋ちゃんこ長　藤井　恵

結論！日々の鍋は、

- 具は冷蔵庫にある肉や野菜でいい

  ⇩ わざわざ買いそろえる必要なし！
  キャベツや豚薄切り肉が主役になります。

- 具は2、3種類でいい

  ⇩ 日々のおかずとまったく同じ。
  鍋の具も少ない種類で十分おいしく作れます。

- 味つけは5パターンもあれば
  一生（？）飽きません

  ⇩ この本の5つの「鍋の素」で、一年中おいしく、ラクチンに。

これでいいのだ。

○ だしは取らなくてもいい

⇩ 水や豆乳で「鍋の素」を薄めれば、鍋の煮汁が完成。
もちろん、だしで割ってもおいしい。

○ 調理は「切る」「煮る」だけでいい

⇩ ほとんどのレシピはこの2工程。煮る時間も10分以内。
疲れない。待たせない。

○ 土鍋でなくてもいい

⇩ ふだん使いの鍋でも、鍋ものは楽しめるんです。

これが5つの鍋の素です

＼ 鍋のこと ／

鍋ものは「土鍋」で作るものと思い込んでいませんか。
ふだんキッチンで使っている鍋も、鍋もの用として活用できます。
ここでは、藤井家で出番の多い鍋を紹介します。

韓国製の
ステンレス鍋

直径27cmのチゲ用の鍋です。我が家では15年
近く使っています。熱伝導が早いので、煮汁や食
材に早く火が入ります。軽くて持ち運びしやすく、
お手入れも簡単です。

鋳物ホウロウの鍋

鋳物ホウロウ鍋は、食材にじんわりムラなく火
が入り、蓄熱性が高いのが特徴。我が家では
直径24cmのル・クルーゼの浅型鍋「ジャポネー
ズ」を鍋ものにも使っています。ふたをして煮て
から食べる鍋ものに向いています。

やっぱり土鍋もいい

遠赤外線効果で食材の内部までじっ
くり火が入ります。保温効果も高く、
冷めにくいのも土鍋のいいところ。上
の2つの鍋よりも少々デリケートなの
で、お手入れはしっかりと。

10

＼ 薬味のこと ／

この本で紹介している鍋ものは、レシピ通り作ればおいしく食べられますが、途中で味を変えたいときや風味を足したいときは、好みの薬味を加えてください。一味や七味唐辛子でピリッとした辛みを足したり、こしょうや粉山椒で香りや刺激を補ったりしてもよいでしょう。刻んだねぎや大根おろし、おろししょうがなど香味野菜もぜひ活用してください。

＼ ふたのこと ／

しゃぶしゃぶのように食材を煮ながら食べる鍋ものは、鍋にふたをする必要はありませんが、食材を十分に煮てから食べる鍋ものは、ふたをしてまんべんなく火を通しましょう。

煮汁が ＼ 減ってきたら ／

食べている間に煮汁が蒸発して減ってきたら、適宜、水や湯を足して味を調えましょう。

この本の使い方

- 大さじ1＝15mℓ、小さじ1＝5mℓ、カップ1＝200mℓです。
- 塩は「自然塩」、しょうゆは「濃い口しょうゆ」を使用しています。
- 砂糖は「きび砂糖」を使用していますが、「上白糖」でもかまいません。
- 酒は「料理酒」ではなく「飲める酒」を使用しています。
- みりんは「本みりん」を使用しています。
- みそは「仙台みそ」を使用していますが、好みのものでかまいません。
- 昆布は「だし昆布」を使用しています。安いものでかまいません。
- おろしにんにくやしょうがは、おろしたてを使用していますが、チューブタイプでもかまいません。
- 本書のレシピは、食材を洗うなどの基本的な下ごしらえを済ませてからの手順を紹介しています。適宜おこなってください。

Part 1

昆布のうまみとしょうがの香りをきかせた、あっさりとした鍋の素。
シンプルな塩味なので、どんな食材にもよく合います。
辛味やコクを足すなど、簡単に「味変」できるのも、塩味の鍋のいいところ。
しゃぶしゃぶの煮汁としても活用できます。

塩鍋の素

まずはお試し!

鍋
1回分の
分量

昆布
5g

塩
大さじ1/2

しょうが（薄切り）
1かけ分（10g）

酒
カップ1/2

全部
合わせればOK!

作り置きのススメ！

塩	大さじ2
酒	カップ2
昆布	20g
しょうが(薄切り)	4かけ分(40g)

1回分の4倍！

● **保存方法と期間**
清潔な保存びんなどに入れ、
ふたをして冷蔵庫で約1か月

鍋を作るときは…

「塩鍋の素」1回分 (カップ1/2) を 水で薄めるだけ！

塩鍋の素

豚バラ薄切り肉×白菜

藤井家で何度も何度も作っている、飽きのこない鍋もの。

白菜はクタクタになるまで煮ても、シャキシャキを残してもおいしい!

豚肉と昆布のうまみ、しょうがの香りが一体化した煮汁も絶品です

白菜は葉の向きを互い違いに重ねると厚みが揃う!

材料(2人分)

豚バラ薄切り肉	200g
白菜	1/3株(700g)

⇒白菜と豚肉を交互に重ね、5〜6cm幅に切る

塩鍋の素

- 塩……大さじ1/2　　酒……カップ1/2　　昆布……5g
- しょうが(薄切り)……1かけ分(10g)
- ※作りおきの「塩鍋の素」(P.13)を使う場合……カップ1/2

水	カップ1

作り方

1 具と煮汁を入れて煮る

白菜の断面を上にして鍋に詰め込み、塩鍋の素、水を注いでふたをし、強火にかける。煮立ったら、中火で10分ほど煮る。

澄んだ煮汁に
うまみがたっぷり!

たら×白菜×春菊

たらは白菜の上にのせて「蒸し煮」にすれば、身がパサつかず、ふんわりとした食感を楽しめます。春菊は煮すぎると苦みが出るので、くたっとしたらすぐ食べて!

材料 (2人分)

生だら ……………… 3切れ(300g)
　➡3〜4等分に切る
白菜 ……………… 1/4株(500g)
　➡芯はそぎ切り、
　　葉はざく切り
春菊 ……………… 150g
　➡葉を摘み、茎は3cm
　　長さに切る
塩鍋の素
　塩 …… 大さじ1/2　　酒 …… カップ1/2
　昆布 …… 5g　しょうが(薄切り) …… 1かけ分(10g)
　※作りおきの「塩鍋の素」(P.13)を使う場合 …… カップ1/2
水 ……………………… カップ1

作り方

1
煮汁、白菜、たらを入れて煮る

鍋に塩鍋の素、水、白菜の芯、葉、たらの順に入れ、ふたをして強火にかける。煮立ったら中火にし、6〜7分煮る。

2
春菊をのせる

春菊をのせ、さっと煮る。

16

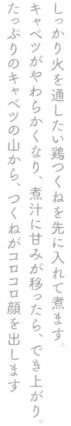

鶏つくね×キャベツ

しっかり火を通したい鶏つくねを先に入れて煮ます。
キャベツがやわらかくなり、煮汁に甘みが移ったら、でき上がり。
たっぷりのキャベツの山から、つくねがコロコロ顔を出します

材料(2人分)

鶏ひき肉 ……………………… 200g
- おろししょうが ………… 1かけ分
- 片栗粉 ………………… 大さじ1
Ⓐ 酒 ……………………… 大さじ1/2
- 塩 ……………………… 小さじ1/4
➡鶏ひき肉とⒶを練り混ぜる

キャベツ ………………… 1/2個(600g)
➡ざく切り

塩鍋の素
- 塩…… 大さじ1/2　酒…… カップ1/2　昆布…… 5g
- しょうが(薄切り) ……1かけ分(10g)
- ※作りおきの「塩鍋の素」(P.13)を使う場合…… カップ1/2

水 ……………………………… カップ1

作り方

1 煮汁を入れる

鍋に塩鍋の素、水を入れる。

2 鶏ひき肉を入れる

鶏ひき肉を一口大に丸めて入れる。

3 キャベツをのせて煮る

キャベツをのせてふたをし、中火で10分ほど煮る。

鶏手羽中 × じゃがいも × 長ねぎ

韓国のタッカンマリをヒントに、作りやすくアレンジしました。
じゃがいもはホクホク、手羽は骨からするっと身がほどけるやわらかさ。
韓国の粗びき唐辛子をたっぷりふりかけてもおいしい!

材料(2人分)

鶏手羽中(スペアリブ) ……………… 300g
じゃがいも ……………………………… 2個
　⇒皮をむいて横3〜4等分に切り、さっと洗う
長ねぎ …………………………………… 2本
　⇒斜めに細かく切り目を入れながら、4cm長さに切る

塩鍋の素
「 塩……大さじ1/2　　酒……カップ1/2　　昆布……5g
　しょうが(薄切り)……1かけ分(10g)
└ ※作りおきの「塩鍋の素」(P.13)を使う場合……カップ1/2
水 ………………………………………… カップ1

作り方

1 煮汁を入れる

鍋に塩鍋の素、水を入れる。

2 具を入れて煮る

鶏手羽中、じゃがいも、長ねぎの順に入れてふたをし、
強火にかける。煮立ったら中火にし、10分ほど煮る。

豚しゃぶ①

豚肩ロース薄切り肉×長ねぎ

薄切りねぎがいくらでも食べられる、藤井家の大人気しゃぶしゃぶ。

材料表には「長ねぎ2本」と書きましたが、本音は3本でも（いや、4本？）。

食べる途中でたれの味を変えれば、"無限ねぎ鍋"に

材料（2人分）

豚肩ロース薄切り肉
（しゃぶしゃぶ用）………… 200g

長ねぎ ………………………… 2本
⇒縦半分に切り、斜め薄切り

塩鍋の素
┌ 塩……大さじ1/2　　酒……カップ1/2
│ 昆布……5g　　しょうが（薄切り）……1かけ分（10g）
└ ※作りおきの「塩鍋の素」（P.13）を使う場合……カップ1/2

水 ………………………………… カップ5

好みのたれ（P.28〜29参照） …………… 適量

作り方

1 煮汁を温める

鍋に塩鍋の素、水を入れ、中火で煮立てる。

2 豚肉を入れる

豚肉を煮汁でしゃぶしゃぶし、火を通す。

3 長ねぎを加える

長ねぎも加えてさっと火を通し、好みのたれで食べる。

豚肉でくるりと
巻いて、パクッ

豚しゃぶ②

豚ロース薄切り肉 × チンゲン菜 × わかめ

塩鍋の素を、水と豆乳で割ってしゃぶしゃぶに。
豆乳の膜に覆われた豚肉とわかめが口当たりなめらか！

作り方

1 煮汁を温める

鍋に塩鍋の素、水、豆乳を入れ、中火で煮立てる。

2 豚肉、チンゲン菜を入れる

豚肉、チンゲン菜を入れ、豚肉を煮汁でしゃぶしゃぶし、火を通す。

3 わかめを加える

わかめも加えてさっと煮て、好みのたれで食べる。

材料(2人分)

豚ロース薄切り肉(しゃぶしゃぶ用)	200g
チンゲン菜	2株

➡ 茎と葉に切り分ける

わかめ(塩蔵)	50g

➡ 洗ってたっぷりの水に5分浸し、
　水けを絞って10cm長さに切る

塩鍋の素

```
塩…大さじ1/2　酒…カップ1/2　昆布…5g
しょうが(薄切り)…1かけ分(10g)
※作りおきの「塩鍋の素」(P.13)を使う場合…カップ1/2
```

水	カップ2
豆乳(成分無調整)	カップ3
好みのたれ(P.28~29参照)	適量

材料(2人分)

豚バラ薄切り肉(しゃぶしゃぶ用) ……… 200g
レタス …………………………………… 1個
　➡6等分のくし形切り

塩鍋の素
　塩…… 大さじ1/2　酒…… カップ1/2　昆布…… 5g
　しょうが(薄切り) …… 1かけ分(10g)
　※作りおきの「塩鍋の素」(P.13)を使う場合
　　…… カップ1/2
水 ………………………………………… カップ5
好みのたれ(P.28~29参照) ……………… 適量

作り方

1 煮汁を温める
鍋に塩鍋の素、水を入れ、中火で煮立てる。

2 豚肉を入れる
豚肉を煮汁でしゃぶしゃぶし、火を通す。

3 レタスを加える
レタスを加えてさっと煮て、
好みのたれで食べる。

豚しゃぶ③

豚バラ薄切り肉×レタス

脂っこいバラ肉とさっぱり味のレタスが名コンビ

材料(2人分)

豚ロース薄切り肉(しゃぶしゃぶ用) ……… 200g
ほうれん草 ………………………… 大1束(300g)
　➡長さを半分に切る

塩鍋の素
　塩…… 大さじ1/2　酒…… カップ1/2　昆布…… 5g
　しょうが(薄切り) …… 1かけ分(10g)
　※作りおきの「塩鍋の素」(P.13)を使う場合
　　…… カップ1/2
水 ………………………………………… カップ5
好みのたれ(P.28~29参照) ……………… 適量

作り方

1 煮汁を温める
鍋に塩鍋の素、水を入れ、中火で煮立てる。

2 豚肉を入れる
豚肉を煮汁でしゃぶしゃぶし、火を通す。

3 ほうれん草を加える
ほうれん草を茎、葉の順に加えてさっと煮て、
好みのたれで食べる。

豚しゃぶ④

豚ロース薄切り肉×ほうれん草

常夜鍋風のしゃぶしゃぶ。小松菜でもおいしい

鶏しゃぶ①
鶏むね肉 × 水菜

「はりはり鍋」にならって、水菜をたっぷり加えて

半冷凍にすると、サクサク切れる！

材料（2人分）

鶏むね肉（皮なし）…… 大1枚（300g）
⇒ 3mm幅の薄切り

水菜 …………………… 300g
⇒ 10cm長さに切る

塩鍋の素
「塩…大さじ1/2　酒…カップ1/2　昆布…5g
しょうが（薄切り）……1かけ分（10g）
※作りおきの「塩鍋の素」（P.13）を使う場合
…カップ1/2

水 …………………… カップ5
好みのたれ（P.28〜29参照）…………… 適量

作り方

1 煮汁を温める
鍋に塩鍋の素、水を入れ、中火で煮立てる。

2 鶏肉を入れる
鶏肉を煮汁でしゃぶしゃぶし、火を通す。

3 水菜を加える
水菜も加えてさっと煮て、
好みのたれで食べる。

鶏しゃぶ②
鶏ささ身 × 小松菜 × エリンギ

ささ身のふわっと軽やかな食感がクセになる

半冷凍にすると、サクサク切れる！

材料（2人分）

鶏ささ身 …………… 4〜5本（300g）
⇒ 3mm幅の縦長薄切り

小松菜 ……………… 200g
⇒ 茎と葉に切り分ける

エリンギ …………… 100g
⇒ 長さを半分に切り、薄切り

塩鍋の素
「塩…大さじ1/2　酒…カップ1/2　昆布…5g
しょうが（薄切り）……1かけ分（10g）
※作りおきの「塩鍋の素」（P.13）を使う場合
…カップ1/2

水 …………………… カップ2
豆乳（成分無調整）………… カップ3
好みのたれ（P.28〜29参照）…………… 適量

作り方

1 煮汁を温める
鍋に塩鍋の素、水、豆乳を入れ、
中火で煮立てる。

2 鶏肉を入れる
鶏肉を煮汁でしゃぶしゃぶし、火を通す。

3 小松菜、エリンギを加える
小松菜、エリンギも加えてさっと煮て、
好みのたれで食べる。

材料(2人分)

牛しゃぶ①

牛もも薄切り肉×えのきたけ×糸三つ葉

三つ葉が具材と薬味の二役をこなします

牛もも薄切り肉(しゃぶしゃぶ用) …… 200〜300g

えのきたけ …… 大1袋(200g)
　➡根元を切り落としてほぐす

糸三つ葉 …… 2袋(100g)
　➡10cm長さに切る

塩鍋の素
　塩 …… 大さじ1/2　　酒 …… カップ1/2　　昆布 …… 5g
　しょうが(薄切り) …… 1かけ分(10g)
　※作りおきの「塩鍋の素」(P.13)を使う場合
　　…… カップ1/2

水 …… カップ5

好みのたれ(P.28〜29参照) …… 適量

作り方

1 煮汁を温める
鍋に塩鍋の素、水を入れ、中火で煮立てる。

2 えのきたけ、三つ葉を入れる
えのきたけ、三つ葉を煮汁に入れてさっと煮る。

3 牛肉を加える
牛肉を煮汁でしゃぶしゃぶし、火が通ったら
好みのたれで食べる。

材料(2人分)

牛しゃぶ②

牛もも薄切り肉×長ねぎ×春菊

ねぎの切り方に注目。想像以上のシャキシャキ音です

牛もも薄切り肉(しゃぶしゃぶ用) …… 200〜300g

長ねぎ …… 2本
　➡縦半分に切り、
　　7〜8cm長さに切る

春菊 …… 150g
　➡葉を摘み、茎は3cm長さに切る

塩鍋の素
　塩 …… 大さじ1/2　　酒 …… カップ1/2　　昆布 …… 5g
　しょうが(薄切り) …… 1かけ分(10g)
　※作りおきの「塩鍋の素」(P.13)を使う場合
　　…… カップ1/2

水 …… カップ5

好みのたれ(P.28〜29参照) …… 適量

作り方

1 煮汁を温める
鍋に塩鍋の素、水を入れ、中火で煮立てる。

2 長ねぎ、春菊を入れる
長ねぎ、春菊を煮汁に入れてさっと煮る。

3 牛肉を加える
牛肉を煮汁でしゃぶしゃぶし、火が通ったら
好みのたれで食べる。

しゃぶしゃぶのたれ、どうする?

※材料はすべて2人分です。

青じそ
（せん切り）
10枚分

みょうが
（小口切り）
2本分

ごま油 大さじ1

香りさわやか
+香味野菜

コクが増す!
+ごま油

好みの
ポン酢しょうゆ
カップ1/2

ポン酢しょうゆに
ひと味プラス

風味豊かに!
+すりごま

ピリッと引き締め
+豆板醤

すり白ごま 大さじ2

豆板醤 小さじ1

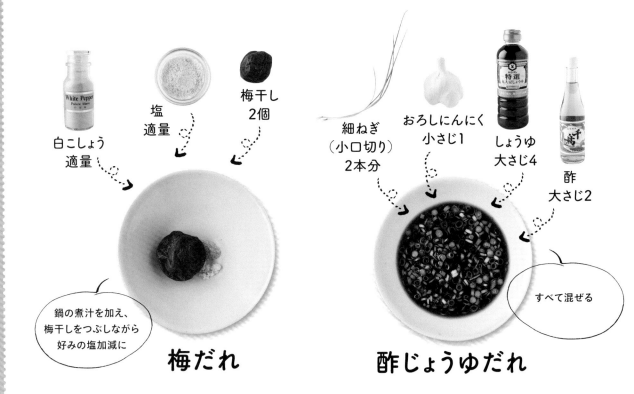

白こしょう
適量

塩
適量

梅干し
2個

鍋の煮汁を加え、
梅干しをつぶしながら
好みの塩加減に

梅だれ

細ねぎ
（小口切り）
2本分

おろしにんにく
小さじ1

しょうゆ
大さじ4

酢
大さじ2

すべて混ぜる

酢じょうゆだれ

混ぜれば完成！
超簡単たれ

みりんと酒を
煮きってから、
すべて混ぜる

ごまだれ

塩レモンだれ

砂糖 小さじ1

しょうゆ
大さじ4

練り白ごま
大さじ3

みりん、酒 各大さじ2

鍋の煮汁を加えて
好みの塩加減に。
レモンをギュッ

粗びき黒こしょう
適量

塩
適量

レモン
（くし形切り）
適量

赤唐辛子　＋　にんにく　＋　塩鍋の素

豚バラ薄切り肉×キャベツ×にら

我が家の永遠の定番鍋「藤井ちゃんこ」の塩味バージョン。にんにくと唐辛子をたっぷり加えたスタミナ鍋です。家族4人なら、大きなキャベツを1個まるまる完食します！

材料 (2人分)

豚バラ薄切り肉 …… 200g
　⇒5〜6cm長さに切る
キャベツ …… 1/2個 (600g)
　⇒ざく切り
にら …… 1束
　⇒5〜6cm長さに切る

塩鍋の素
「 塩 …… 大さじ1/2　　酒 …… カップ1/2　　昆布 …… 5g
　しょうが (薄切り) …… 1かけ分 (10g)
　※作りおきの「塩鍋の素」(P.13)を使う場合 …… カップ1/2

にんにく (薄切り) …………………… 3〜4かけ分
赤唐辛子 (小口切り) ………………… 3〜4本分
水 ……………………………………… カップ3

作り方

1 煮汁と肉を入れる

鍋に塩鍋の素、水、にんにくと赤唐辛子の半量、豚肉を入れ、肉をほぐす。

2 野菜を加えて煮る

キャベツ、にら、にんにくと赤唐辛子の残りの順にのせ、ふたをして強火にかける。
煮立ったら中火にし、煮えたものから食べる。

豚肩ロース薄切り肉
×大根×にんじん

豚肉、大根、にんじんをひとまとめにしてくるくる巻きます。

華やかな見た目よし、一口で3種の味が同時に楽しめるのもよし！

たまには、こんなひと手間かけた鍋ものもいいでしょう？

材料（2人分）

豚肩ロース薄切り肉 ……………… 300g

大根 …………………………………… 1/3本
　➡ ピーラーで3〜4cm幅、
　　 10〜15cm長さのスライス

にんじん …………………………… 1本
　➡ ピーラーで3〜4cm幅にスライス

塩鍋の素
　塩 …… 大さじ1/2　　酒 …… カップ1/2
　昆布 … 5g　　しょうが（薄切り）…… 1かけ分（10g）
　※作りおきの「塩鍋の素」（P.13）を使う場合
　　 …… カップ1/2

梅干し（種を取り除く） …………… 2個

水 ………………………………………… カップ3

❶ 大根4枚を少し重ねながら
　縦長におく。
❷ 豚肉を広げてのせる。
❸ にんじんものせて、くるくる巻く。

作り方

1
具を入れる

鍋に具のくるくるが見えるように並べて詰める。

2
煮汁を加えて煮る

塩鍋の素、水を加え、梅干しをちぎって具の上にのせる。
ふたをして中火にかけ、好みのやわらかさになるまで煮る。

梅干しの酸味が味のアクセント

直径20㎝くらいの小さめの鍋がgood!

これで
味変え！

すり白ごま ＋ 塩鍋の素

たら×豆腐×細ねぎ

淡泊なたらや豆腐に、すりごまでコクを補います。レシピ通りたっぷり加えるのが正解！

材料(2人分)

生だら	3切れ(300g)
⇒3～4等分に切る	
木綿豆腐	1丁(300g)
⇒6等分に切る	
細ねぎ	1束
⇒10cm長さに切る	

塩鍋の素
「 塩……大さじ1/2　　酒……カップ1/2　　昆布……5g
| しょうが(薄切り)……1かけ分(10g)
| ※作りおきの「塩鍋の素」(P.13)を使う場合……カップ1/2

すり白ごま	大さじ4
水	カップ1
豆乳(成分無調整)	カップ2

作り方

1 煮汁と豆腐、たらを入れて煮る

鍋に塩鍋の素、水、豆乳、ごま、豆腐、たらを入れる。ふたをして強火にかけ、煮立ったら弱火にし、5～6分煮る。

2 細ねぎを加える

細ねぎをのせ、火が通ったら食べる。

これで
味変え!

 + +

粗びき　　レモン　　塩鍋
黒こしょう　　　　　の素

材料 (2人分)

豚ロース薄切り肉 ……………………… 200g
もやし ……………………………… 2袋(400g)

塩鍋の素
　塩 … 大さじ1/2　酒 … カップ1/2　昆布 … 5g
　しょうが (薄切り) …… 1かけ分 (10g)
　※作りおきの「塩鍋の素」(P.13)を使う場合
　……………………………………… カップ1/2

レモン (国産・薄い輪切り) …………… 1/2個分
粗びき黒こしょう ………………………… 小さじ1
水 ……………………………………… カップ3

作り方

1 煮汁と具を入れて煮る

鍋に塩鍋の素、水を入れ、もやし、豚肉の順に入れる。ふ
たをして強火にかけ、煮立ったらあくを取り、もやしと豚肉
を軽く混ぜる。

2 レモン、こしょうを加える

レモンを並べて入れ、こしょうをふってさっと煮る。

豚ロース薄切り肉 × もやし

レモンで酸味を、こしょうでピリッと刺激をプラス。
レモンの皮から苦みが出るので、煮すぎないように注意

材料（2人分）

牛もも薄切り肉 ……………… 200〜300g
　➡食べやすい長さに切る
きくらげ（乾燥）………………… 10g
　➡水でもどし、もみ洗いする
チンゲン菜 ………………………… 2株
　➡茎と葉に切り分ける

塩鍋の素
　塩……大さじ1/2　酒……カップ1/2
　昆布……5g　しょうが（薄切り）……1かけ分（10g）
　※作りおきの「塩鍋の素」（P.13）を使う場合
　　……カップ1/2

ラー油 ………………………… 大さじ2
ごま油 ………………………… 大さじ2
水 ………………………………… カップ3

これで
味変え！

ごま油 ＋ ラー油 ＋ 塩鍋の素

牛もも薄切り肉×きくらげ×チンゲン菜

ビリビリとしっかり辛い、火鍋風の一品です。
冬は体ぽかぽか、夏は汗だくだくで食べるのが快感！

作り方

1 煮汁を温める

鍋に塩鍋の素、水、ラー油、ごま油を入れて、強火で煮立てる。

2 具を入れる

きくらげ、チンゲン菜、牛肉の順に入れ、
好みのやわらかさになるまで煮る。

これで
味変え!

白菜キムチ ＋ 塩鍋の素

鶏もも肉×玉ねぎ×しめじ

グツグツと煮える鍋から漂う "辛い湯気" がそそります。

残った煮汁でうどんをやわらかく煮るのもおすすめ

材料(2人分)

鶏もも肉 ……………… 1枚(250~300g)
⇒一口大のそぎ切り

玉ねぎ …………………………………… 1個
⇒1cm幅のくし形切り

しめじ ………………… 大1パック(200g)
⇒小房に分ける

塩鍋の素
「塩 …… 大さじ1/2　酒 …… カップ1/2
昆布 …… 5g　しょうが(薄切り) …… 1かけ分(10g)
※作りおきの「塩鍋の素」(P.13)を使う場合
…………………………………… カップ1/2

白菜キムチ …………………………… 100g
水 ……………………………………… カップ3

作り方

1 煮汁と具を入れて煮る

鍋に塩鍋の素、水、白菜キムチ、鶏肉、玉ねぎ、しめじ
を入れる。ふたをして強火にかけ、煮立ったら中火にし、
5 ～ 6分煮る。

肉や野菜はもちろん、白身魚や豆腐など、繊細な味の食材にもなじみます。
しょうゆが濃すぎず甘さもひかえめな、さっぱりとした鍋の素なので、
食材の個性をしっかり引き立ててくれます。つゆしゃぶにもぴったり！
鍋以外にも、汁ものや煮もののベースとして幅広く使えます。

しょうゆ鍋の素

まずはお試し！

鍋
1回分の
分量

しょうゆ
大さじ1

みりん
大さじ1

塩
大さじ1/2

酒
カップ1/2

昆布
5g

全部
合わせればOK！

作り置きのススメ！

しょうゆ	大さじ4
みりん	大さじ4
塩	大さじ2
酒	カップ2
昆布	20g

しょうゆ鍋の素

1回分の4倍！

● **保存方法と期間**
清潔な保存びんなどに入れ、
ふたをして冷蔵庫で約1か月

鍋を作るときは…

「しょうゆ鍋の素」1回分（カップ1/2～3/4）を
水で薄めるだけ！

しょうゆ鍋の素

鶏豆腐つくね×にら

鶏ひき肉と豆腐を1対1で混ぜたつくねが主役の鍋。まるで綿のような、ふわっふわの食感に身も心も緩みます。シャキッと煮えたにらが、味と香りの強烈なアクセントに

鶏ひき肉		150g
木綿豆腐		1/2丁 (150g)

Ⓐ
- 玉ねぎ（みじん切り）……1/4個分
- 片栗粉……大さじ1
- 酒……大さじ1/2
- 塩……少量

➡鶏ひき肉、豆腐を混ぜ、Ⓐを加えて練り混ぜる

にら……2束
➡5〜6cm長さに切る

しょうゆ鍋の素
- しょうゆ……大さじ1　みりん……大さじ1
- 塩……大さじ1/2　酒……カップ1/2　昆布……5g
- ※作りおきの「しょうゆ鍋の素」(P.39)を使う場合……カップ1/2〜3/4

水……カップ3

作り方

1
煮汁を温める
鍋にしょうゆ鍋の素、水を入れ、強火にかける。

2
鶏ひき肉を入れる
煮汁が煮立ったら中火にし、鶏ひき肉を一口大に丸めて入れ、4〜5分煮る。

3
にらをのせる
にらをのせ、しんなりするまで煮る。

餃子 × きくらげ × 豆苗

「焼く」「ゆでる」もいいけれど、鍋の具にしてもおいしい餃子。冷凍のまま煮汁にポンと入れればOKです。ふっくら煮えるころには、鍋の素のうまみもしみ込んでいます

材料（2人分）

餃子	12個
きくらげ（乾燥）	10g

➡水でもどし、もみ洗いする

豆苗	2袋

➡長さを半分に切る

しょうゆ鍋の素
- しょうゆ……大さじ1　みりん……大さじ1
- 塩……大さじ1/2　酒……カップ1/2　昆布……5g
- ※作りおきの「しょうゆ鍋の素」(P.39)を使う場合……カップ1/2〜3/4

水	カップ3

作り方

1

煮汁ときくらげを入れて煮る

鍋にしょうゆ鍋の素、水、きくらげを入れ、強火にかける。

2

餃子を加える

煮汁が煮立ったら中火にし、餃子を加える。

3

豆苗をのせる

煮汁が再び煮立ったら豆苗をのせ、煮えたものから食べる。

豆苗も
たっぷりと〜

プリプリ、
ふっくら〜

うまい煮汁も
たっぷりね！

器に
取り分けて……

43

豚ロース薄切り肉×白菜×わけぎ

しょうゆ鍋の素の上品な味を堪能するなら、この鍋。白菜の芯は細切りに。煮えやすくスイスイ食べられます

材料(2人分)

豚ロース薄切り肉	200g
白菜	1/5株(400g)

➡ 芯と葉に切り分け、芯は10cm長さ、1cm幅に切り、葉はざく切り

わけぎ	3本

➡ 斜め切り

しょうゆ鍋の素

しょうゆ……大さじ1　みりん……大さじ1
塩……大さじ1/2　酒……カップ1/2　昆布……5g
※作りおきの「しょうゆ鍋の素」(P.39)を使う場合……カップ1/2〜3/4

水	カップ3

作り方

1 煮汁と具を入れて煮る

鍋にしょうゆ鍋の素、水、白菜、わけぎ、豚肉を入れ、強火にかける。煮立ったら、中火にして煮えたものから食べる。

たら×大根×長ねぎ

たらに塩をして下ゆでするから、煮汁が濁りません。トッピングするなら、たらと好相性のとろろ昆布を

材料(2人分)

生だら	3切れ(300g)

➡ 一口大に切って塩小さじ1をふり、10分おいてさっとゆでて洗う

大根	1/3本

➡ 薄いいちょう切り

長ねぎ	1本

➡ 斜め切り

しょうゆ鍋の素

しょうゆ……大さじ1　みりん……大さじ1
塩……大さじ1/2　酒……カップ1/2　昆布……5g
※作りおきの「しょうゆ鍋の素」(P.39)を使う場合……カップ1/2〜3/4

水	カップ3

作り方

1 煮汁と大根を入れて煮る

鍋にしょうゆ鍋の素、水、大根を入れ、強火にかける。

2 たら、長ねぎを加える

煮汁が煮立ったら中火にし、たら、長ねぎを加えて煮ながら食べる。

赤唐辛子 ＋ にんにく ＋ しょうゆ鍋の素

豚バラ薄切り肉×もやし×にら

にんにくと唐辛子をたっぷり加えた「藤井ちゃんこ」のしょうゆ味バージョン。

キャベツの代わりにもやしをどっさり加えました。

我が家ではひとり1袋をぺろりとたいらげます

材料（2人分）

豚バラ薄切り肉（しゃぶしゃぶ用）……200g
➡5〜6cm長さに切る

もやし……2袋（400g）

にら……1束
➡5〜6cm長さに切る

しょうゆ鍋の素
- しょうゆ……大さじ1　みりん……大さじ1
- 塩……大さじ1/2　酒……カップ1/2
- 昆布……5g
- ※作りおきの「しょうゆ鍋の素」（P.39）を
  使う場合……カップ1/2〜3/4

にんにく（薄切り）……3〜4かけ分

赤唐辛子（小口切り）……3〜4本分

水……カップ3

作り方

1 煮汁と肉を入れる

鍋にしょうゆ鍋の素、水、にんにくと赤唐辛子の半量、豚肉を入れ、肉をほぐす。

2 野菜を加えて煮る

もやし、にら、にんにくと赤唐辛子の残りの順にのせ、ふたをして強火にかける。煮立ったら中火にし、煮えたものから食べる。

すりごまを
どさっと加えても

粉山椒

豆腐 × 大和いも × なめこ

大和いもだんごの「ふわっ」「ぬるっ」「つるっ」が後を引きます。
素朴であっさりとした味に、山椒の香りと刺激でメリハリを持たせました。
しみじみ飲みたい夜のお供にもぴったりの鍋です

材料 (2人分)

木綿豆腐 ……………………… 1丁 (300g)
　➡6等分に切る
大和いも ……………………… 300g
　➡皮をしっかりこすり洗いし、すりおろす
なめこ ……………………… 1袋
　➡水けをきる
しょうゆ鍋の素
　┌ しょうゆ……大さじ1　みりん……大さじ1
　│ 塩……大さじ1/2　酒……カップ1/2
　│ 昆布……5g
　│ ※作りおきの「しょうゆ鍋の素」(P.39)を
　└ 使う場合……カップ1/2〜3/4
粉山椒 ……………………… 小さじ1/2〜1
水 ……………………… カップ3

作り方

1
煮汁と豆腐を入れて煮る

鍋にしょうゆ鍋の素、水、粉山椒、豆腐を入れ、
強火にかける。

2
大和いもを加える

煮汁が煮立ったら中火にし、
大和いもをスプーンで一口大にすくって加える。

3
なめこを加える

なめこも加え、煮えたものから食べる。

だんごがぷっくり
浮いてきたらOK

なめこもたっぷりと

しょうが

材料(2人分)

豚ひき肉 ……………………… 300g

A
┌ おろししょうが ……… 1かけ分
│ 卵 …………………………… 1個
│ 片栗粉 ……………………… 大さじ1
│ 酒 …………………………… 大さじ1/2
└ 塩 …………………………… 小さじ1/4
➡ 豚ひき肉と**A**を練り混ぜる

しいたけ …………………………… 6枚
➡ 石づきを切り落とし、4等分の薄切り

細ねぎ …………………………… 1束
➡ 10cm長さに切る

しょうゆ鍋の素
┌ しょうゆ … 大さじ1　みりん … 大さじ1
│ 塩 … 大さじ1/2　酒 … カップ1/2　昆布 … 5g
│ ※作りおきの「しょうゆ鍋の素」(P.39)を
└ 　使う場合 … カップ1/2~3/4

しょうが(細切り) …… 3かけ分
水 …………………………… カップ3

豚つくね×しいたけ×細ねぎ

極寒の夜も、つくねの中にも、トッピングにもしょうがをたっぷりと。この鍋で体の芯からぽっかぽかに！

作り方

1 煮汁を温める
鍋にしょうゆ鍋の素、水、しょうがを入れて強火で煮立てる。

2 豚ひき肉を加える
煮汁が煮立ったら中火にし、豚ひき肉を一口大に丸めて加える。

3 しいたけ、細ねぎを加える
煮汁が再び煮立ったらしいたけ、細ねぎを加え、煮えたものから食べる。

すり白ごま　にんにく

材料(2人分)

牛もも薄切り肉(しゃぶしゃぶ用)
…………………………… 200~300g

キャベツ …………………… 1/2個(600g)
➡ かたい葉脈を切り落とし、ざく切り

しょうゆ鍋の素
┌ しょうゆ … 大さじ1　みりん … 大さじ1
│ 塩 … 大さじ1/2　酒 … カップ1/2　昆布 … 5g
│ ※作りおきの「しょうゆ鍋の素」(P.39)を
└ 　使う場合 … カップ1/2~3/4

おろしにんにく … 2~3かけ分(大さじ1)
すり白ごま …………………… 大さじ4
水 …………………………… カップ3

牛もも薄切り肉×キャベツ

たれ不要の「つゆしゃぶ」です。キャベツを先に煮て甘みが増したところで、牛肉をしゃぶしゃぶ！

作り方

1 煮汁を温める
鍋にしょうゆ鍋の素、水、にんにく、ごまを入れ、中火で煮立てる。

2 キャベツ、牛肉を入れる
キャベツを入れて少し煮る。さらに牛肉を加えて煮汁でしゃぶしゃぶし、火が通ったら食べる。

砂糖とみりんをダブルで加え、甘みをしっかりきかせています。
この鍋の素で真っ先に作ってほしいのは、「すき焼き」。まさに割り下の味です。
我が家で人気の「かも鍋」も、甘じょうゆ鍋の素で作ります。
肉じゃが、肉豆腐、きんぴらなど、ふだんのおかずの味つけにもおすすめ。

甘じょうゆ鍋の素

まずはお試し!

鍋
1回分の
分量

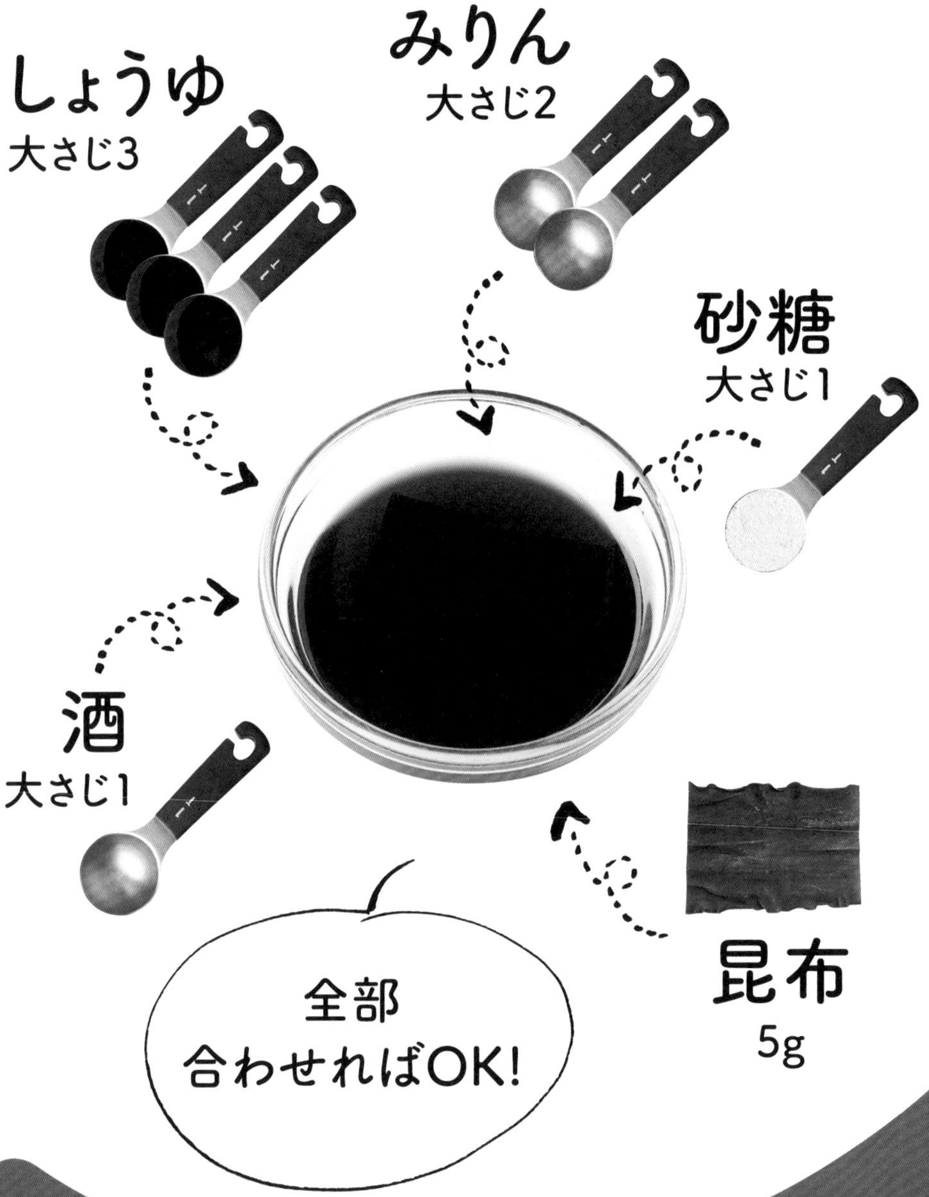

しょうゆ
大さじ3

みりん
大さじ2

砂糖
大さじ1

酒
大さじ1

昆布
5g

全部
合わせればOK!

52

作り置きのススメ!

甘じょうゆ鍋の素

しょうゆ ─── 大さじ12（180㎖）
みりん ──── 大さじ8（120㎖）
砂糖 ─────── 大さじ4
酒 ──────── 大さじ4
昆布 ─────── 20g

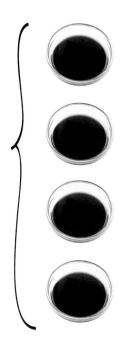

1回分の4倍!

● 保存方法と期間
清潔な保存びんなどに入れ、
ふたをして冷蔵庫で約1か月

鍋を作るときは…

「甘じょうゆ鍋の素」1回分（カップ約1/2）を
水で薄めるだけ!

材料（2人分）

牛ロース肉 (すき焼き用) ………… 200g
焼き豆腐 ………………………… 1丁 (300g)
　➡8等分に切る
わけぎ ……………………………… 4本
　➡斜め薄切りにし、
　　水に1分さらして水けをきる
甘じょうゆ鍋の素
「しょうゆ …… 大さじ3　みりん …… 大さじ2
　砂糖 …… 大さじ1　酒 …… 大さじ1　昆布 …… 5g
└※作りおきの「甘じょうゆ鍋の素」(P.53)を使う場合 …… カップ約1/2
水 ……………………………… カップ1と1/2

牛ロース肉 × 焼き豆腐 × わけぎ

具が3つでも十分おいしい、我が家のすき焼きです。
たっぷりのわけぎが味、香り、彩りともにポイントに。
生卵に絡めて食べたいときは、水の分量をカップ1に減らしてください

作り方

1 煮汁を入れる

鍋に甘じょうゆ鍋の素、水を入れる。

2 焼き豆腐、牛肉を入れて煮る

焼き豆腐を並べて入れ、
牛肉も加えて中火にかける。

3 わけぎをのせる

煮汁が煮立ったらわけぎをのせ、
煮えたものから食べる。

甘じょうゆ鍋の素

残った煮汁はくずきりや
春雨に吸わせて食べきって！

甘じょうゆ鍋の素

豚ロース薄切り肉×里いも×長ねぎ

山形県の郷土料理「いも煮」風の、甘じょっぱい鍋ものです。とろりと煮えた（ちょっと煮くずれた？）里いもが主役。鍋のシメには、焼いたもちを入れて甘じょうゆ味を絡めてどうぞ！

里いもは
電子レンジ加熱が簡単。
さっと洗い、耐熱皿にのせて
ラップをかけ、電子レンジ(600W)で
7分加熱。2分蒸らす。

材料 (2人分)

豚ロース薄切り肉 … 200g
里いも (加熱したもの)
　　　　… 中4個(300g)
　➡ 皮をむく
長ねぎ … 2本
　➡ 3cm長さに切る
甘じょうゆ鍋の素
「 しょうゆ … 大さじ3
　みりん … 大さじ2　砂糖 … 大さじ1
　酒 … 大さじ1　昆布 … 5g
└ ※作りおきの「甘じょうゆ鍋の素」(P.53)を使う場合 … カップ約1/2
水 … カップ2

作り方

1 煮汁と豚肉を入れる

鍋に甘じょうゆ鍋の素、水、豚肉を入れ、肉をほぐす。

2 里いも、長ねぎを加えて煮る

里いも、長ねぎを加えて中火にかけ、煮えたものから食べる。

ぶり×ごぼう×わかめ

甘じょうゆ味とぶりのうまみがよく合います。湯気とともに立ち上る、ごぼうの香りもたまらない

材料(2人分)

ぶり........................3切れ(300g)
　➡1.5cm幅のそぎ切り
ごぼう........................1/2本
　➡皮をこそげて縦半分に切り、
　　斜め薄切り
わかめ(塩蔵)........................50g
　➡洗ってたっぷりの水に5分浸し、
　　水けを絞って10cm長さに切る
甘じょうゆ鍋の素
┌ しょうゆ ─ 大さじ3　みりん ─ 大さじ2
│ 砂糖 ─ 大さじ1　酒 ─ 大さじ1　昆布 ─ 5g
└ ※作りおきの「甘じょうゆ鍋の素」(P.53)を使う場合 ─ カップ約1/2
水........................カップ2

作り方

1 煮汁、ごぼうを入れて煮る

鍋に甘じょうゆ鍋の素、水、ごぼうを入れて強火にかける。
煮立ったら中火にし、2〜3分煮る。

2 ぶり、わかめを加える

ぶり、わかめを加え、煮えたものから食べる。

鶏れんこんつくね×まいたけ×ピーマン

ピーマンのきんぴらを食べてひらめいたのが、この鍋。まいたけのうまみやれんこんの歯ごたえも生きています

材料(2人分)

鶏ひき肉........................200g
れんこん........................1節(200g)
┌ おろししょうが........................1かけ分
│ 片栗粉........................大さじ1
Ⓐ 酒........................大さじ1/2
└ 塩........................小さじ1/4
　➡れんこんは半量をすりおろし、残
　　りは粗みじんに切る。鶏ひき肉、
　　Ⓐと合わせてよく練り混ぜる
まいたけ........................100g
　➡食べやすくほぐす
ピーマン........................4個
　➡縦半分に切って横1cm幅に切る

甘じょうゆ鍋の素
┌ しょうゆ ─ 大さじ3　みりん ─ 大さじ2
│ 砂糖 ─ 大さじ1　酒 ─ 大さじ1　昆布 ─ 5g
│ ※作りおきの「甘じょうゆ鍋の素」(P.53)を使う場合
└ ─ カップ約1/2
水........................カップ1と1/2

作り方

1 煮汁を入れて温める

鍋に甘じょうゆ鍋の素、水を入れて強火にかける。

2 鶏ひき肉、まいたけを入れる

煮汁が煮立ったら中火にし、鶏ひき肉を一口大に丸めて入れ、
まいたけも加えて3〜4分煮る。

3 ピーマンを加える

つくねに火が通ったらピーマンを加え、さっと煮る。

これで味変え！

カレー粉 ＋ 甘じょうゆ鍋の素

鶏もも肉×玉ねぎ×小松菜

ふだんは煮ものや炒めものにするような、デイリーな具材だけど、鍋の素の深い甘みとカレー粉の食欲をそそる香りで、大満足の鍋ものに。シメは絶対にカレーうどん！　街場のおそば屋さんの味になります

材料（2人分）

鶏もも肉 ……… 1枚（250〜300g）
　➡5〜6cm長さ、
　　1.5cm幅に切る
玉ねぎ ………………………… 1個
　➡縦半分に切り、
　　横1.5cm幅に切る
小松菜 ………………………… 300g
　➡茎と葉に切り分ける

甘じょうゆ鍋の素
　しょうゆ ……大さじ3
　みりん ……大さじ2　砂糖 ……大さじ1
　酒 ……大さじ1　昆布 ……5g
　※作りおきの「甘じょうゆ鍋の素」（P.53）を使う場合 ……カップ約1/2

カレー粉 …………………… 大さじ2
水 …………………… カップ1と1/2

作り方

1
煮汁を入れる
鍋に甘じょうゆ鍋の素、水、カレー粉を入れる。

2
具を入れて煮る
鶏肉、玉ねぎ、小松菜の順に入れ、ふたをして強火にかける。
煮立ったら弱火〜弱めの中火にし、
肉をほぐして煮えたものから食べる。

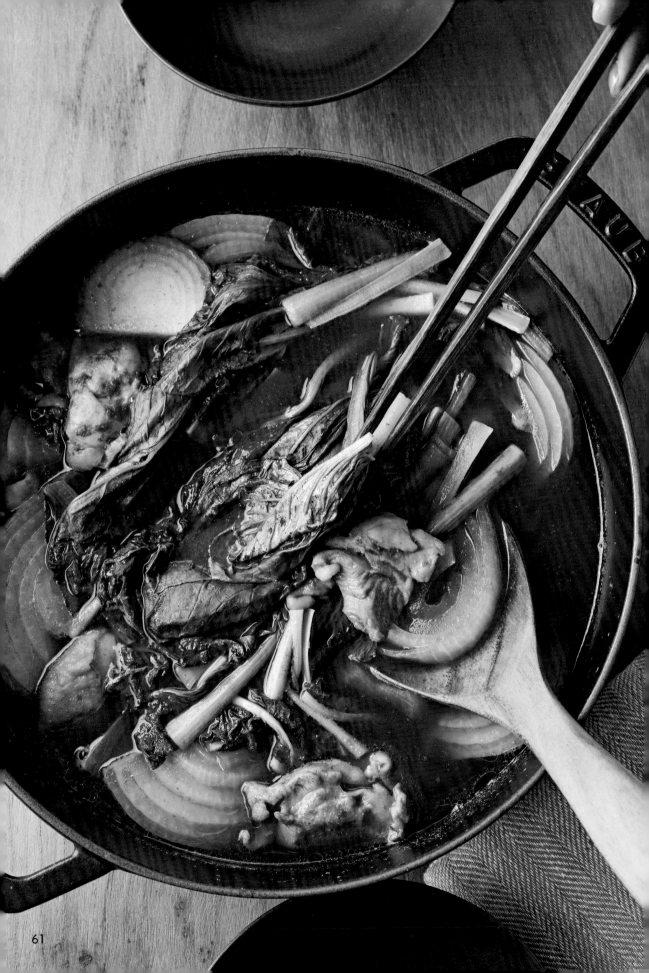

これで味変え!

バター + 甘じょうゆ鍋の素

ソーセージ×マッシュルーム×キャベツ

甘じょうゆ鍋の素に牛乳とバターを加え、こっくりと味を調えた煮汁に
ソーセージやマッシュルームのうまみがさらに溶け込みます。
ゆでたパスタをシメに加えれば、カルボナーラのような濃厚な味わいに

材料(2人分)

ソーセージ ………… 200g
ホワイトマッシュルーム
………… 1パック(100g)
キャベツ ……… 1/2個(600g)
　→ざく切り

甘じょうゆ鍋の素
「しょうゆ…… 大さじ3　みりん…… 大さじ2
砂糖…… 大さじ1　酒…… 大さじ1　昆布…… 5g
└※作りおきの「甘じょうゆ鍋の素」(P.53)を使う場合…… カップ約1/2

バター ………… 20g
牛乳 ……… カップ1と1/2

作り方

1 煮汁を入れる

鍋に甘じょうゆ鍋の素、牛乳、バターを入れる。

2 具を入れて煮る

ソーセージ、マッシュルーム、キャベツの順に入れ、
ふたをして強火にかける。
煮立ったら中火にし、煮えたものから食べる。

これで
味変え!

にんにく ＋ 甘じょうゆ鍋の素

豚バラ薄切り肉×トマト×なす

夏野菜をたっぷり加えたすき焼き。

トマトを軽くつぶして、酸味を際立たせてもおいしい

材料(2人分)

豚バラ薄切り肉(しゃぶしゃぶ用)⋯⋯300g
トマト⋯⋯⋯⋯⋯⋯⋯⋯⋯⋯⋯⋯⋯3個
　➡6～8等分のくし形切り
なす⋯⋯⋯⋯⋯⋯⋯⋯⋯⋯⋯⋯⋯⋯3本
　➡縦半分に切り、斜め5mm幅に
　　切り目を入れながら一口大に切る

甘じょうゆ鍋の素
┌ しょうゆ⋯⋯大さじ3　みりん⋯⋯大さじ2
│ 砂糖⋯⋯大さじ1　酒⋯⋯大さじ1　昆布⋯⋯5g
└ ※作りおきの「甘じょうゆ鍋の素」(P.53)を使う場合⋯⋯カップ約1/2

にんにく(薄切り)⋯⋯⋯⋯⋯⋯⋯⋯3～4かけ分
水⋯⋯⋯⋯⋯⋯⋯⋯⋯⋯⋯⋯⋯カップ1と1/2

作り方

1 煮汁と具を入れて煮る

鍋に甘じょうゆ鍋の素、水、にんにく、豚肉、なす、トマトを入れ、
ふたをして強火にかける。煮立ったら肉をほぐして中火にし、5～6分煮る。

これで
味変え！

粗びき
黒こしょう

＋

甘じょうゆ鍋の素

つくね × レタス

つくねが煮えてからレタスをさっと煮て、食感を残します。スパイシーな味が好みなら、たっぷり「追いこしょう」を

材料（2人分）

合いびき肉 ……………… 300g

Ⓐ
┌ おろしにんにく …… 小さじ1
├ 卵 ………………………… 1個
├ 片栗粉 …………… 大さじ1
├ 酒 …………………… 大さじ1/2
├ 塩 ………………… 小さじ1/4
└ こしょう ……………… 少量
➡ 合いびき肉とⒶをよく
　練り混ぜる

レタス …………………… 1個
➡ ざく切り

甘じょうゆ鍋の素
┌ しょうゆ …… 大さじ3　みりん …… 大さじ2
├ 砂糖 …… 大さじ1　酒 …… 大さじ1　昆布 …… 5g
└ ※作りおきの「甘じょうゆ鍋の素」(P.53)を使う場合 …… カップ約1/2

粗びき黒こしょう ……………………… 大さじ1/2
水 ……………………………………… カップ1と1/2

作り方

1 煮汁を温める

鍋に甘じょうゆ鍋の素、水、粗びき黒こしょうを入れて強火にかける。

2 合いびき肉を入れる

煮汁が煮立ったら中火にし、
合いびき肉を一口大に丸めて入れ、2～3分煮る。

3 レタスを加える

つくねに火が通ったらレタスを加え、さっと煮る。

みそは白みそ以外なら、ふだん使っているものでかまいません。
みそ味の鍋は、肉やクセのある魚介と好相性。
たっぷり入れて煮汁にうまみを補ってあげると、最後まで飽きずに楽しめます。
素朴なみその風味がしみた野菜もまた、格別のおいしさ！

みそ鍋の素

> 鍋
> 1回分の
> 分量

まずはお試し！

みそ（白みそ以外）
大さじ4

みりん
大さじ1

酒
大さじ2

昆布
5g

> 全部
> 合わせればOK！

作り置きのススメ！

鍋 **4**回分の 分量

みそ（白みそ以外）	大さじ16（約300g）
酒	大さじ8（120㎖）
みりん	大さじ4
昆布	20g

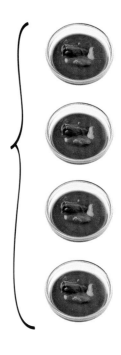

1回分の4倍！

● **保存方法と期間**
清潔な保存びんなどに入れ、
ふたをして冷蔵庫で約1か月

鍋を作るときは…

「みそ鍋の素」1回分（カップ約1/2）を 水で薄めるだけ！

鶏もも肉 × かぼちゃ × 長ねぎ

山梨県のソウルフード「ほうとう」の煮汁のようにとろとろと煮溶けたかぼちゃの自然な甘みが後を引きます。鍋のシメにはうどんがぴったり！もちろん、ほうとうでも

材料(2人分)

鶏もも肉 … 1枚(250~300g)
➡ 一口大のそぎ切り
かぼちゃ ……………… 1/8個
➡ 4cm長さ、1.5~2cm幅に切る
長ねぎ ………………… 2本
➡ 1cm幅の斜め切り

みそ鍋の素
みそ(白みそ以外) …… 大さじ4　酒 …… 大さじ2
みりん … 大さじ1　昆布 … 5g
※作りおきの「みそ鍋の素」(P.67)を使う場合 … カップ約1/2
水 ……………… カップ3と1/2

作り方

1
煮汁を入れる
鍋にみそ鍋の素、水を入れて混ぜる。

2
鶏肉、かぼちゃを入れて煮る
鶏肉、かぼちゃを入れて強火にかける。
煮立ったら中火にし、ふたをして6~7分煮る。

3
長ねぎを加える
長ねぎを加え、煮えたものから食べる。

かき×かぶ

かぶを先に煮て、少しやわらかくなったらかきを加えます。

かきは煮すぎると身がやせてしまうので、プリッとふくらめばOK。

かきの代わりに、ほたてやかじきまぐろで作っても絶品です

材料(2人分)

生がき(加熱用) ……… 300g
➡ 塩水でふり洗いし、水けをふく

かぶ ……………………… 4個
➡ 皮をむいて6〜8等分のくし形切り
　葉は3〜4cm長さに切る

みそ鍋の素
- みそ(白みそ以外) …… 大さじ4　　酒 …… 大さじ2
- みりん …… 大さじ1　　昆布 …… 5g
- ※作りおきの「みそ鍋の素」(P.67)を使う場合 …… カップ約1/2

水 ………………… カップ3と1/2

作り方

1 煮汁を入れる

鍋にみそ鍋の素、水を入れて混ぜる。

2 かぶを入れて煮る

かぶを入れて強火にかける。

3 かき、かぶの葉を加える

煮汁が煮立ったら中火にし、
かぶが少しやわらかくなったらかき、かぶの葉を加え、
煮えたものから食べる。

70

かきが
プリプリッ

材料 (2人分)

豚バラ薄切り肉 ……………………… 300g
➡6〜7cm長さに切る
木綿豆腐 …………………………… 1丁 (300g)
わけぎ ……………………………………… 5本
➡斜め薄切り

みそ鍋の素
みそ(白みそ以外)… 大さじ4　酒…… 大さじ2
みりん…… 大さじ1　昆布…… 5g
※作りおきの「みそ鍋の素」(P.67)を使う場合
…… カップ約1/2
水 ………………………………… カップ3と1/2

豚
バ
ラ
薄
切
り
肉
×
豆
腐
×
わ
け
ぎ

豚バラ肉のうまみと脂のコクで、煮汁が深い味わいに。
スプーンでざっくりすくった豆腐の食感も楽しい

作り方

1 煮汁、豚肉、豆腐を入れて煮る

鍋にみそ鍋の素、水を入れて混ぜる。豚肉を入れ、豆腐も
スプーンですくうようにしてそぎ入れ、強火にかける。煮立っ
たら中火にし、肉をほぐして2〜3分煮る。

2 わけぎを加える

わけぎをを加え、煮えたものから食べる。

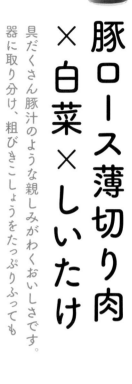

豚ロース薄切り肉 ×白菜×しいたけ

具だくさん豚汁のような親しみがわくおいしさです。器に取り分け、粗びきこしょうをたっぷりふっても

材料（2人分）

豚ロース薄切り肉 ‥‥‥‥‥‥‥‥‥ 200g
白菜 ‥‥‥‥‥‥‥‥‥‥ 1/5株（400g）
　➡ 大きめの一口大に切る
しいたけ ‥‥‥‥‥‥‥‥‥‥‥‥‥ 4枚
　➡ 石づきを切り落とし、
　　かさに十字の切り目を入れる

みそ鍋の素
「みそ（白みそ以外）‥‥ 大さじ4　酒 ‥‥ 大さじ2
　みりん ‥‥ 大さじ1　昆布 ‥‥ 5g
　※作りおきの「みそ鍋の素」（P.67）を使う場合
　‥‥ カップ約1/2
水 ‥‥‥‥‥‥‥‥‥‥‥‥ カップ3と1/2

作り方

1 煮汁、豚肉を入れる

鍋にみそ鍋の素、水を入れて混ぜる。豚肉を広げて入れる。

2 白菜、しいたけを加えて煮る

白菜の芯、葉、しいたけの順に入れ、強火にかける。
煮立ったら中火にし、煮えたものから食べる。

豚バラ薄切り肉×キャベツ×にら

「この鍋、どこかで見たことがある」と思っていませんか。

そうです、30ページの藤井ちゃんこと具も薬味も、じつは同じです。

みそ鍋の素に変えるだけで、まったく別の味になるから、鍋っておもしろい！

材料(2人分)

豚バラ薄切り肉 —— 200g
　⇒5〜6cm長さに切る
キャベツ —— 1/2個(600g)
　⇒ざく切り
にら —— 1束
　⇒5〜6cm長さに切る

みそ鍋の素
　みそ(白みそ以外) —— 大さじ4　酒 —— 大さじ2
　みりん —— 大さじ1　昆布 —— 5g
　※作りおきの「みそ鍋の素」(P.67)を使う場合 —— カップ約1/2

にんにく(薄切り) —— 3〜4かけ分
赤唐辛子(小口切り) —— 3〜4本分

水 —— カップ3と1/2

作り方

1 煮汁と肉を入れる

鍋にみそ鍋の素、水を入れて混ぜ、にんにくと
赤唐辛子の半量、豚肉を入れ、肉をほぐす。

2 野菜を加えて煮る

キャベツ、にら、にんにくと赤唐辛子の残りの順に
のせ、ふたをして強火にかける。
煮立ったら中火にし、煮えたものから食べる。

これで
味変え!

白菜キムチ +

みそ鍋の素

厚揚げ×エリンギ×チンゲン菜

厚揚げはちぎりながら加えると、味がしみやすくなります。

煮汁はぐらぐらと煮立てても大丈夫。厚揚げがふっくらと煮えて

エリンギにもしっかりと煮汁がしみたら、食べごろです

材料 (2人分)

厚揚げ ……… 小4枚 (400g)

エリンギ ………………… 100g
➡ 長さを半分に切り、
　薄切り

チンゲン菜 ……………… 2株
➡ 茎と葉に切り分ける

みそ鍋の素
```
みそ(白みそ以外) ……… 大さじ4
酒 ……… 大さじ2　みりん ……… 大さじ1　昆布 ……… 5g
※作りおきの「みそ鍋の素」(P.67)を使う場合 ……… カップ約1/2
```

白菜キムチ ……………………………… 200g

水 ………………………………… カップ3と1/2～4

作り方

1
煮汁を入れる

鍋にみそ鍋の素、水、白菜キムチを入れて混ぜる。

2
具を入れて煮る

厚揚げをちぎりながら入れ、エリンギ、チンゲン菜も加え、
ふたをして強火にかける。
煮立ったら中火にし、煮えたものから食べる。

すり白ごま ＋ にんにく ＋

豚ロース薄切り肉×もやし

煮汁を一口含んだ瞬間、シメが脳裏に浮かぶ味！ シメは何かって？ もちろん、「ラーメン」です

材料（2人分）

豚ロース薄切り肉	300g
もやし	2袋（400g）

みそ鍋の素

みそ（白みそ以外）…… 大さじ4		
酒 …… 大さじ2　みりん …… 大さじ1　昆布 …… 5g		
※作りおきの「みそ鍋の素」（P.67）を使う場合　カップ約1/2		

おろしにんにく …… 2〜3かけ分（大さじ1）	
すり白ごま	大さじ6
水	カップ3と1/2

作り方

1 煮汁と肉を入れる

鍋にみそ鍋の素、水、にんにくを入れて混ぜ、豚肉を加えてほぐす。

2 もやし、ごまを加えて煮る

もやしとごまを加え、強火にかける。煮立ったら中火にし、煮えたものから食べる。

 バター ＋

さけ×大根×にんじん

北海道の「石狩鍋」を作りやすくアレンジ。根菜は早く煮えるよう、細切りにするのがポイント

材料（2人分）

生ざけ	3切れ（300g）
➡5〜6等分に切る	
大根	300g
➡5〜6cm長さの細切り	
にんじん	1/2本
➡5〜6cm長さの細切り	

みそ鍋の素

みそ（白みそ以外）…… 大さじ4		
酒 …… 大さじ2　みりん …… 大さじ1　昆布 …… 5g		
※作りおきの「みそ鍋の素」（P.67）を使う場合　カップ約1/2		

バター	20g
牛乳	カップ3と1/2

作り方

1 煮汁と具を入れて煮る

鍋にみそ鍋の素、牛乳、バターを入れて混ぜ、大根、にんじん、さけを入れて中火にかける。煮立ったら弱めの中火にし、煮えたものから食べる。

バターのコクが
やみつきに！

お鍋のシメ、どうする？

冷凍ご飯と冷凍うどんは
凍ったままお鍋にポン！

どちらも鍋の煮汁に直接入れて解凍すればOK。好みのやわらかさになるまで煮ます。

こんなシメもおすすめ

ねっとり、もっちり
もち

そのまま鍋に入れて温めても、焼いてから入れてもOK。

体にうれしい！
押し麦

水で洗って煮汁で10〜15分煮る。

ラーメンや
そうめんは
ゆでてからお鍋にイン！

乾めんの
そばやうどんも、
ゆでてから♪

ラーメンは袋の表示時間より少し短めにゆで、
鍋の煮汁で好みの加減に仕上げます。

そうめんも袋の表示時間より少し早めに湯
から引き上げ、水で洗って水けをしっかり
きって鍋の煮汁へ。めんに透明感が出てき
たら食べごろです。

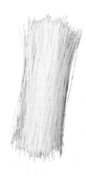

つるんとした食感
春雨

水で
しんなりするまでもどし、
水けをきって
煮汁でさっと温める。

Part 5

コチュジャンの辛みとうまみが生きた、韓国風の甘辛みそ味。
スンドゥブやタッカルビなど、韓国でポピュラーな鍋ものはもちろんのこと、
餃子やさば水煮缶など、ふだんは鍋の具として食べない食材ともなじみます。
焼き肉やビビンバなど、韓国料理のたれや調味にも使えて便利です。

辛みそ鍋の素

まずはお試し!

鍋
1回分の
分量

コチュジャン
大さじ2

みそ
大さじ2

砂糖
大さじ1

酒
大さじ1

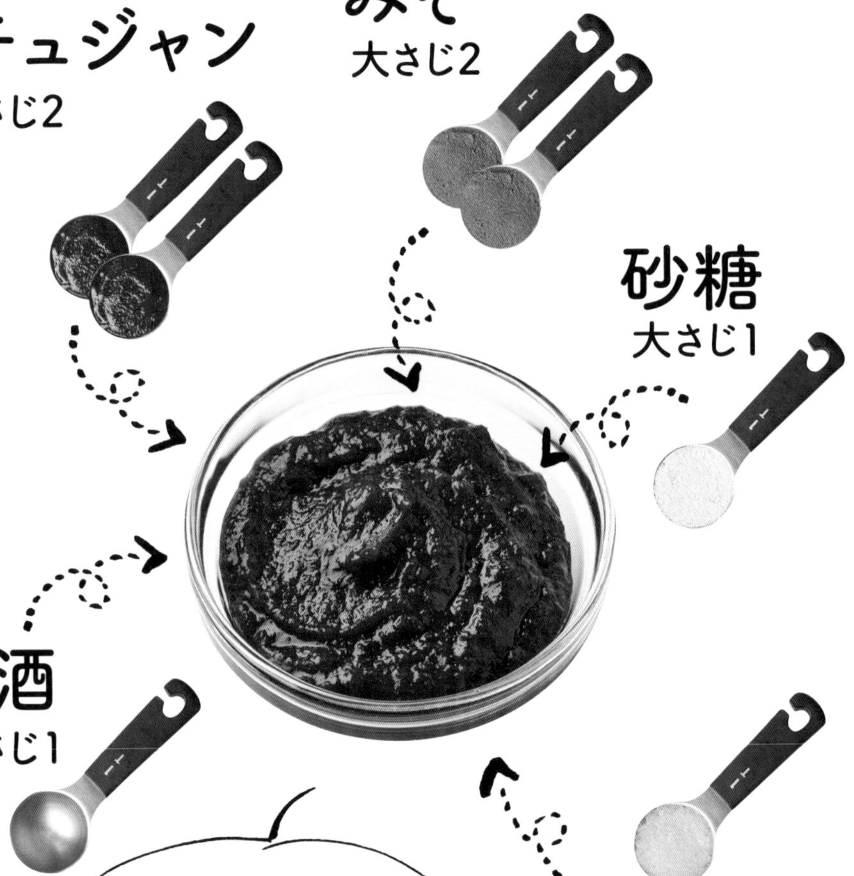

全部
合わせればOK!

おろしにんにく
大さじ1

作り置きのススメ!

辛みそ鍋の素

コチュジャン	大さじ8（約145g）
みそ	大さじ8（約145g）
砂糖	大さじ4
酒	大さじ4
おろしにんにく	大さじ4

1回分の4倍!

● **保存方法と期間**
清潔な保存びんなどに入れ、
ふたをして冷蔵庫で約2か月

鍋を作るときは…

「辛みそ鍋の素」1回分（カップ約1/2）を水で薄めるだけ!

豚バラ薄切り肉×えのきたけ×豆苗

燃えるようなオレンジ色の煮汁で、食欲がわいてきます。
具材の下ごしらえは手間いらず、豚肉も野菜もすぐに火が通るから、
お腹を空かせた家族を待たせません！ シメにはご飯を加えておじや風に

材料 (2人分)

豚バラ薄切り肉 ····· 200～300g
➡ 7～8cm長さに切る
えのきたけ ········· 大1袋 (200g)
➡ 根元を切り落としてほぐす
豆苗 ····················· 1袋
➡ 根元を切り落とす

辛みそ鍋の素
┌ コチュジャン ····· 大さじ2　みそ ····· 大さじ2
│ 砂糖 ····· 大さじ1　酒 ····· 大さじ1　おろしにんにく ····· 大さじ1
└ ※作りおきの「辛みそ鍋の素」(P.83)を使う場合 ····· カップ約1/2
水 ····························· カップ3

作り方

1 煮汁を入れる

鍋に辛みそ鍋の素、水を入れて混ぜる。

2 豚肉、えのきたけを入れて煮る

豚肉を入れてほぐし、えのきたけも加えて強火にかける。

3 豆苗を加える

煮汁が煮立ったら中火にし、豆苗を加えて煮えたものから食べる。

辛みそ鍋の素

あさり水煮×豆腐×わかめ

殻つきのあさりで作ってもいいけれど、水煮缶なら手間いらず。

具というよりは、辛みそ鍋をさらにおいしくするための、だし代わり。

豆腐は温まれば食べられますが、じっくり煮て味をしみ込ませるのがおすすめ

材料(2人分)

あさり水煮缶 ………… 1缶(130g)
絹ごし豆腐 ……………… 1丁(300g)
わかめ(塩蔵) …………… 50g
　➡ 洗ってたっぷりの水に5分浸し、
　　 水けを絞って5〜6cm長さに切る

辛みそ鍋の素
┌ コチュジャン … 大さじ2　みそ … 大さじ2　砂糖 … 大さじ1
│ 酒 … 大さじ1　おろしにんにく … 大さじ1
└ ※作りおきの「辛みそ鍋の素」(P.83)を使う場合 … カップ約1/2

水 …………………………… カップ4

作り方

1
煮汁を入れる

鍋に辛みそ鍋の素、水を入れて混ぜる。

2
あさり、豆腐を入れて煮る

あさり水煮を汁ごと入れ、豆腐はスプーンですくうようにしてそぎ入れ、強火にかける。

3
わかめを加える

煮汁が煮立ったら中火にし、わかめを加えて煮えたものから食べる。

たら×白菜

「たらちり」のコリアンバージョン。白菜がクタクタで、煮汁が少〜し煮つまるくらいがおいしい

材料(2人分)

材料(2人分)

生だら‥‥‥‥‥‥‥‥‥‥‥‥‥‥‥3切れ(300g)
➡3〜4等分に切る

白菜‥‥‥‥‥‥‥‥‥‥‥‥‥‥‥1/3株(700g)
➡芯はそぎ切り、葉はざく切り

辛みそ鍋の素

┌ コチュジャン‥‥大さじ2　みそ‥‥大さじ2
　砂糖‥‥大さじ1　酒‥‥大さじ1　おろしにんにく‥‥大さじ1
　※作りおきの「辛みそ鍋の素」(P.83)を使う場合‥‥カップ約1/2

水‥‥‥‥‥‥‥‥‥‥‥‥‥‥‥‥‥‥カップ3

作り方

1 煮汁と具を入れて煮る

鍋に辛みそ鍋の素、水を入れて混ぜる。白菜の芯、葉、たらの順に入れ、強火にかける。煮立ったら中火にし、煮えたものから食べる。

辛みそ鍋の素

餃子 × 納豆 × にら

納豆で煮汁の辛さがマイルドに。納豆のクセもやわらぎ、つるつると吸い込むように食べられるのが楽しい!

材料（2人分）

餃子	12個
納豆	2パック（80g）
にら	2束

➡ 5〜6cm長さに切る

辛みそ鍋の素

「コチュジャン … 大さじ2　みそ … 大さじ2
砂糖 … 大さじ1　酒 … 大さじ1　おろしにんにく … 大さじ1
※作りおきの「辛みそ鍋の素」(P.83)を使う場合 … カップ約1/2

水	カップ3

作り方

1 煮汁を温める

鍋に辛みそ鍋の素、水を入れて混ぜ、強火にかける。

2 餃子を入れる

煮汁が煮立ったら中火にし、餃子を入れて2〜3分煮る。

2 納豆、にらを加える

納豆を加えてさっと混ぜ、
にらも加えて煮えたものから食べる。

モッツァレラ
チーズ

＋

辛みそ鍋の素

鶏もも肉×じゃがいも×キャベツ

韓国の鍋「チーズタッカルビ」も、辛みそ鍋の素があれば、すぐできる！
よく煮えた鶏肉、じゃがいも、キャベツにチーズをとろんと絡めます。
モッツァレラチーズの代わりにピザ用チーズを鍋一面に散らしても

材料(2人分)

鶏もも肉 ……………… 1枚(250〜300g)
　➡一口大のそぎ切り
じゃがいも ……………………………… 2個
　➡半分に切って薄めの乱切りにし、
　　水にさらして水けをきる
キャベツ ………………… 1/4個(300g)
　➡ざく切り

辛みそ鍋の素
┌ コチュジャン……大さじ2　みそ……大さじ2
│ 砂糖……大さじ1　酒……大さじ1　おろしにんにく……大さじ1
└ ※作りおきの「辛みそ鍋の素」(P.83)を使う場合……カップ約1/2

モッツァレラチーズ ……………… 100g
水 …………………………………… カップ3

作り方

1 煮汁と具を入れて煮る

鍋に辛みそ鍋の素、水を入れて混ぜ、鶏肉、
じゃがいも、キャベツの順に入れてふたをし、
強火にかける。煮立ったら中火にし、7〜8分煮る。

2 チーズを加える

具が煮えたらチーズをちぎって加え、
とろりと溶けたら具に絡めて食べる。

とろ〜んと
のび〜る

豚ロース薄切り肉×しめじ×長ねぎ

これで味変え!

すり白ごま

長ねぎは、韓国で定番の切り方にしました。サクサクとした小気味よい食感が新鮮です

材料 (2人分)

豚ロース薄切り肉 ………………………… 200g
しめじ ………………………… 大1パック(200g)
　➡ 小房に分ける
長ねぎ ………………………… 2本
　➡ 5〜6cm長さに切り、縦半分に切る

辛みそ鍋の素
　コチュジャン …… 大さじ2　みそ …… 大さじ2
　砂糖 …… 大さじ1　酒 …… 大さじ1　おろしにんにく …… 大さじ1
　※作りおきの「辛みそ鍋の素」(P.83)を使う場合 …… カップ約1/2

すり白ごま ………………………… 大さじ6
水 ………………………… カップ3

作り方

1 煮汁と具を入れて煮る

鍋に辛みそ鍋の素、水を入れて混ぜる。豚肉、長ねぎ、しめじの順に入れ、強火にかける。

2 ごまを加える

煮立ったら中火にし、ごまを加えて混ぜ、煮えたものから食べる。

さば水煮×白菜×まいたけ

これで味変え!

ごま油

うまみと栄養が詰まったさば水煮をメインに。辛みそとごま油で、缶詰のクセがやわらぎます

材料 (2人分)

さば水煮缶 ………………………… 2缶(380g)
白菜 ………………………… 1/5株(400g)
　➡ 縦半分に切り、3〜4cm幅の斜め切り
まいたけ ………………………… 100g
　➡ 食べやすくほぐす

辛みそ鍋の素
　コチュジャン …… 大さじ2　みそ …… 大さじ2
　砂糖 …… 大さじ1　酒 …… 大さじ1　おろしにんにく …… 大さじ1
　※作りおきの「辛みそ鍋の素」(P.83)を使う場合 …… カップ約1/2

ごま油 ………………………… 大さじ1
水 ………………………… カップ3

作り方

1 煮汁と具を入れて煮る

鍋に辛みそ鍋の素、水を入れて混ぜ、さば水煮を汁ごと入れ、白菜、まいたけも加え、ふたをして強火にかける。

2 ごま油を加える

煮立ったら中火にし、ごま油を加えて混ぜ、煮えたものから食べる。

94

藤井ちゃんこ さくいん

［料理］

藤井 恵（ふじい・めぐみ）

雑誌、書籍、テレビなどさまざまな分野で活躍する料理研究家、管理栄養士。おかず、お弁当、おつまみなど、作る人に寄り添ったわかりやすく、おいしいレシピが多くのファンに支持されている。著書は、2020年に料理レシピ本大賞の準大賞を受賞した『藤井弁当　お弁当はワンパターンでいい！』（小社刊）など多数。

鍋ものは子どもが小さいときからずっと作り続けている。最近のマイブームは、豚しゃぶ（何度目のブームか覚えていないほど！）。野菜の代わりに木の芽をたっぷりと加えた春限定の「木の芽豚しゃぶ」が特にお気に入り。22年の料理研究家人生をつづったフォトエッセイ『おいしいレシピができたから』（主婦の友社）にも、藤井家の鍋ものエピソードが描かれている。

［STAFF］
デザイン　東京100ミリバールスタジオ
撮影　鈴木泰介
スタイリング　大畑純子
校閲　聚珍社
撮影協力　UTUWA
編集・構成　佐々木香織
企画・編集　小林弘美（学研プラス）

藤井ちゃんこ

2021年10月26日　第1刷発行
2021年11月26日　第2刷発行

著　者　藤井 恵
発行人　中村公則
編集人　滝口勝弘
発行所　株式会社　学研プラス
　　　　〒141－8415　東京都品川区西五反田2-11-8
印刷所　大日本印刷株式会社

※この本についてのご質問・ご要望は下記宛にお願いいたします。
■本の内容については下記サイトのお問い合わせフォームよりお願いします。
　https://gakken-plus.co.jp/contact/
■在庫については　TEL03-6431-1250（販売部）
■不良品（落丁、乱丁）については　TEL0570-000577
　学研業務センター
　〒354-0045 埼玉県入間郡三芳町上富 279-1
■上記以外のお問い合わせは　TEL0570-056-710（学研グループ総合案内）

学研の書籍・雑誌についての新刊情報・詳細情報は、下記をご覧ください。
学研出版サイト　https://hon.gakken.jp/